Si le monde était un village de 100 personnes

世界がもし100人の村だったら

Sous la direction de Ikeda Kayoko
et C. Douglas Lummis
Illustrations de Yamauchi Masumi
Traduction de Dominique Lavigne

•

Direction artistique : Fujimoto Yasushi
Conception graphique : Watanabe Mitsuko

Picquier Jeunesse

Si le monde était un village de 100 personnes

Ce livre est dédié à Donella H. Meadows, disparue en février 2001.

Les deux ouvrages auxquels elle a collaboré (*The Limits to Growth*) et (*Beyond the Limits*), qui alertaient l'opinion sur les problèmes de l'environnement, sont devenus des classiques. Elle, qui avait vu dans son rêve la naissance d'un mouvement qui dépasserait les limites du monde, a commencé d'écrire en 1985 dans les colonnes des journaux. Par la suite, un recueil de ses publications a été rassemblé sous le titre *The Global Citizen*, mais l'un de ses articles, qui n'y figurait pas, a été lancé sur l'océan d'Internet.

Cette forme moderne de lettre dans une bouteille à la mer, grâce à la communication sans frontières du courrier électronique, a voyagé jusqu'aux confins de la planète. En le faisant circuler, en le modifiant par l'ajout de sentiments ou d'idées personnelles, un nombre illimité de personnes ont participé à ce message. Et tous ces hommes et ces femmes qui ont senti à l'intérieur d'eux-mêmes qu'ils étaient les nouveaux citoyens du monde, sont devenus des enfants de Donella H. Meadows. Mais elle-même ne savait pas qu'elle leur avait donné naissance…

中学校に通う長女の担任は
生徒たちに、毎日メールで
学級通信を送ってくださる
すてきな先生です。
そのなかに、とても
感動したメールがあったので
みなさんにも送ります。
少し長くてごめんなさい。

Dans son collège, ma fille aînée
a un professeur merveilleux
qui, chaque jour, envoie un e-mail
sous forme de lettre ouverte à ses élèves.
Parmi ces mails, il y en a un qui m'a tellement émue
qu'il faut que je vous l'envoie à tous.
S'il est un peu long, je m'en excuse

今朝、目が覚めたとき
あなたは今日という日にわくわくしましたか？
今夜、眠るとき
あなたは今日という日にとっくりと
満足できそうですか？
今いるところが、こよなく大切だと思いますか？

Ce matin, quand vous avez ouvert les yeux,
avez-vous salué ce jour avec joie ?
Ce soir, quand vous vous endormirez,
vous sentirez-vous pleinement satisfait ?
L'endroit où vous vivez,
trouvez-vous qu'il est précieux ?

今朝、目が覚めたとき
あなたは今日という日にわくわくしましたか？
今夜、眠るとき
あなたは今日という日にとっくりと
満足できそうですか？
今いるところが、こよなく大切だと思いますか？

Si vous n'avez pas pu répondre tout de suite
« oui, bien sûr »,
c'est à vous que j'adresse ce message.
Quand vous le lirez,
les choses autour de vous
vous sembleront peut-être un peu différentes.

Le monde compte aujourd'hui
6 milliards 300 millions d'habitants.
Mais si on réduisait le monde à un village,
à quoi ressemblerait-il ?
Si 100 personnes vivaient dans ce village,

世界には63億人の
人がいますが
もしもそれを
100人の村に縮めると
どうなるでしょう。
100人のうち

52人が女性です
48人が男性です

52 seraient des femmes,
48 seraient des hommes.

30人が子どもで
70人が大人です
そのうち7人が
お年寄りです

30 seraient des enfants,
70 seraient des adultes,
et parmi eux,
7 seraient vieux.

90 seraient hé

10 seraient ho

90人が異性愛者で

10人が同性愛者です

70 seraient de

30 seraient bla

térosexuels,
mosexuels.

70人が有色人種で
30人が白人です

couleur,
ncs.

61人がアジア人です
13人がアフリカ人
13人が南北アメリカ人
12人がヨーロッパ人
あとは南太平洋地域の人です

61 seraient asiatiques,
13 africains,
13 de l'Amérique du Nord et du Sud,
12 européens,
1 de la zone du Pacifique Sud.

térosexuels,
mosexuels.

70人が有色人種で
30人が白人です

couleur,
ncs.

61人がアジア人です

13人がアフリカ人

13人が南北アメリカ人

12人がヨーロッパ人

あとは南太平洋地域の人です

61 seraient asiatiques,
13 africains,
13 de l'Amérique du Nord et du Sud,
12 européens,
1 de la zone du Pacifique Sud.

33人がキリスト教
19人がイスラム教
13人がヒンドゥー教
6人が仏教を信じています
5人は、木や石など、すべての自然に
霊魂があると信じています
24人は、ほかのさまざまな宗教を
信じているか
あるいはなにも信じていません

33 seraient chrétiens,
19 musulmans,
13 hindouistes,
6 bouddhistes,
5 croiraient que les arbres, les pierres,
la nature tout entière a une âme,
24 seraient adeptes d'autres religions
ou ne croiraient en aucune.

17人は中国語をしゃべり
9 人は英語を
8 人はヒンディー語とウルドゥー語を
6 人はスペイン語を
6 人はロシア語を
4 人はアラビア語をしゃべります
これでようやく、村人の半分です
あとの半分は
ベンガル語、ポルトガル語
インドネシア語、日本語
ドイツ語、フランス語などを
しゃべります

17 parleraient chinois,
9 anglais,
8 hindi et urdu,
6 espagnol,
6 russe, et
4 arabe,
ce qui représenterait la moitié du village.
L'autre moitié parlerait bengali, portugais,
indonésien, japonais, allemand, français,
et d'autres langues.

いろいろな人がいる
この村では
あなたとは違う人を
理解すること
相手をあるがままに
受け入れること
そしてなにより
そういうことを知ることが
とても大切です

Dans ce village à la population si variée,
ce serait très important
d'apprendre à comprendre ces gens différents de vous
et à les accepter comme ils sont.

Mais réfléchissez
aussi à ceci :
parmi les
100 habitants
de ce village,

また、こんなふうにも
考えてみてください
村に住む人びとの100人のうち

20 souffrent de malnutrition,
1 meurt de faim, tandis que
15 sont trop gros.

20人は栄養がじゅうぶんではなく
1人は死にそうなほどです
でも15人は太り過ぎです

Des richesses du village,
6 personnes en possèdent 59 %
– toutes des Etats-Unis d'Amérique –
74 en possèdent 39 % et
20 se partagent les 2 % restants.

すべての富のうち
6人が59%をもっていて
みんなアメリカ合衆国の人です
74人が39%を
20人が、たったの2%を
分けあっています

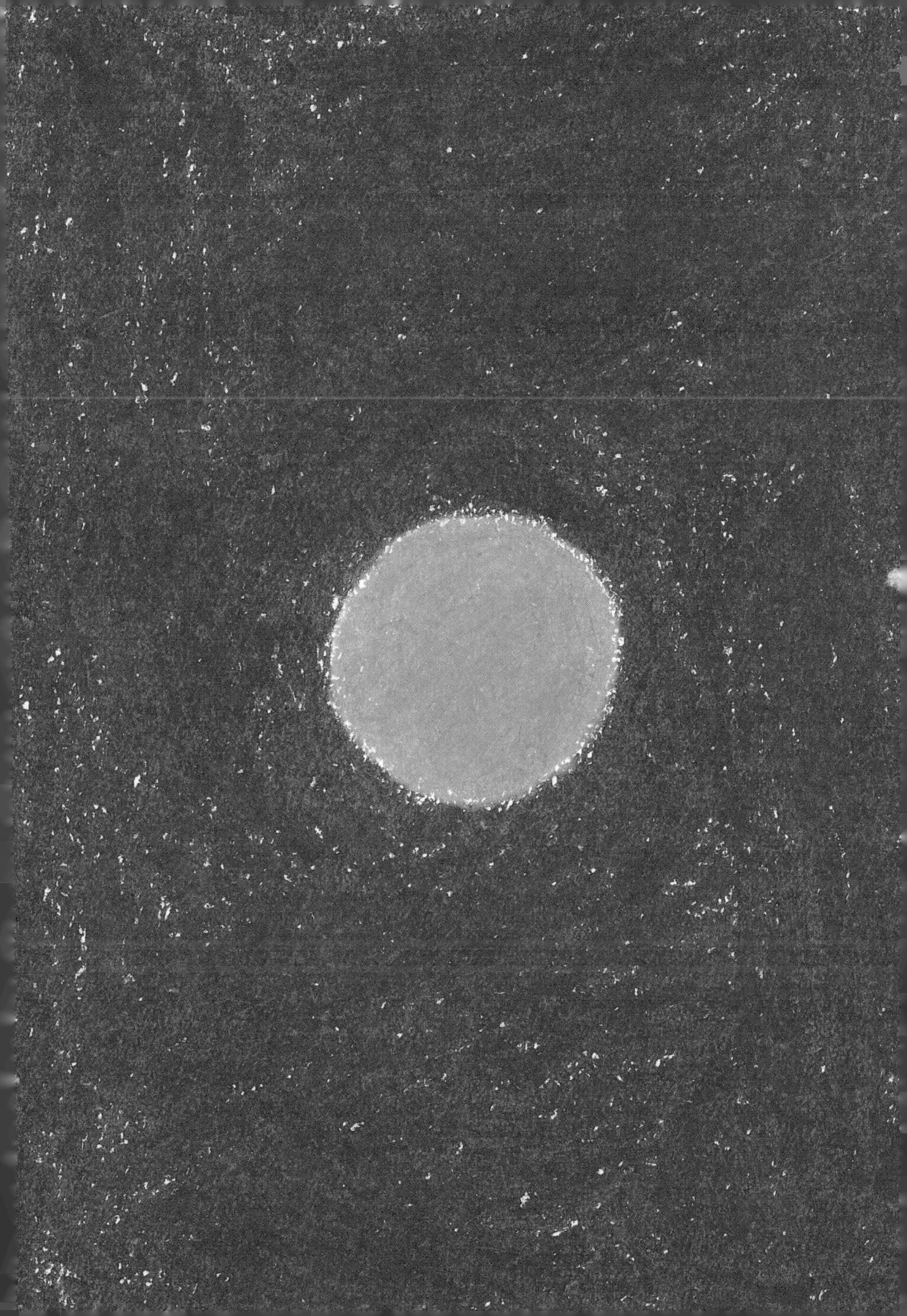

Des sources d'énerg
20 personnes en con
80 se partagent les

すべてのエネルギーのうち
20人が80%を使い
80人が20%を分けあっています

75 personnes ont des provisions
et un endroit pour les mettre à
25 n'ont rien de tout cela. 17 n'

ie du village,
somment 80%, et
20% restants.

75人は食べ物の蓄(たくわ)えがあり
雨露(あめつゆ)をしのぐところがあります
でも、あとの25人は
そうではありません
17人は、きれいで安全な水を
飲めません

de nourriture
l'abri des intempéries, mais
ont pas d'eau potable à boire.

銀行に預金があり
財布(さいふ)にお金があり
家のどこかに小銭(こぜに)が転(ころ)がっている人は
いちばん豊かな8人のうちの1人です

Si vous avez de l'argent
déposé à la banque,
de l'argent dans votre
portefeuille ou quelques pièces
de côté à la maison,
vous faites partie
des 8 plus riches.

Si vous avez
une voiture,
vous faites partie
des 7 plus riches.

自分の車を
もっている人は
7人のうちの
1人です

村人のうち
1人が大学の教育を受け
2人がコンピューターを
もっています
けれど、
14人は文字が読めません

Parmi les habitants du village,
1 étudie à l'université,
2 possèdent des ordinateurs,
14 ne savent pas lire.

Si vous avez
une voiture,
vous faites partie
des 7 plus riches.

自分の車を
もっている人は
7人のうちの
1人です

村人のうち
1人が大学の教育を受け
2人がコンピューターを
もっています
けれど、
14人は文字が読めません

Parmi les habitants du village,
1 étudie à l'université,
2 possèdent des ordinateurs,
14 ne savent pas lire.

もしもあなたが
いやがらせや逮捕(たいほ)や拷問(ごうもん)や死を恐れずに
信仰や信条、良心に従って
なにかをし、ものが言えるなら
そうではない48人より恵まれています

Si vous pouvez agir et parler
selon votre foi et votre conscience,
sans craindre d'être harcelé, emprisonné,
torturé ou mis à mort,
alors vous avez plus de de chance que les
48 qui ne le peuvent pas.

もしもあなたが
空爆や襲撃や地雷による殺戮や
武装集団のレイプや拉致に
おびえていなければ
そうではない20人より
恵まれています

Si vous ne vivez pas dans la peur
de mourir victime d'un bombardement,
d'une attaque militaire,
du déclenchement d'une mine,
ou d'être violé ou kidnappé
par un groupe armé,
vous avez plus de chance que les
20 qui vivent dans cette peur.

En un an
1 personne du village mourra,
mais dans la même année,
2 bébés naîtront,
si bien qu'à la fin de l'année
le village comptera
101 habitants.

1年の間に、村では
1人が亡（な）くなります
でも、1年に2人
赤ちゃんが生まれるので
来年、村人は
101人になります

もしもこのメールを読めたなら、
この瞬間、あなたの幸せは
2倍にも3倍にもなります
なぜならあなたには
あなたのことを思って
これを送った
誰かがいるだけでなく
文字も読めるからです

Si vous pouvez lire ce message,
vous avez trois raisons d'être heureux.
D'abord parce que quelqu'un
a pensé à vous
et vous a envoyé ce message.
Ensuite parce que vous savez lire.

Enfin, et plus important que tout,
parce que vous êtes en vie.

けれどなにより
あなたは
生きているからです

Quelqu'un

昔の人は言いました
巡(めぐ)り往(ゆ)くもの、
また巡り還(かえ)る、と

Ce qu'on
toujours no

a dit un jour:

donne
us revient.

だからあなたは、
深ぶかと歌ってください
のびやかに踊ってください
心をこめて生きてください
たとえあなたが、傷ついていても
傷ついたことなどないかのように
愛してください

Alors chantez
de tout votre cœur,
dansez
libre et léger,
et vivez
de toute votre âme.
Et quand vous aimez,
aimez comme si vous n'aviez jamais été blessé,
même si vous l'avez été.

Et avant tout aimez le fait
que vous-même,
et tous les autres,
vous vivez ici,
dans ce village.

まずあなたが
愛してください
あなた自身と、人が
この村に生きてある
ということを

もしもたくさんのわたし·たちが
この村を愛することを知ったなら
まだ間（ま）にあいます
人びとを引き裂いている非道（ひどう）な力から
この村を救えます
きっと

Peut-être que si suffisamment d'entre nous
apprenaient à aimer ce village,
il serait encore temps de le sauver
des violences qui le déchirent.

Postface à l'édition japonaise

Un e-mail a fait le tour du monde. Il semble même que le film qui a remporté la palme d'or au festival du film publicitaire de Cannes, en juin 2001, s'en soit inspiré :
« Supposons que la population de ce monde soit de 100 personnes… 20 détiennent alors 90 % de la richesse totale. Et tandis que la somme dépensée en produits de beauté dépasse 40 fois celle de l'aide alimentaire, 15 personnes souffrent de la faim. Pareillement, tandis qu'on dépense 10 fois plus pour l'armement que pour l'éducation, 16 personnes ne savent pas lire. 20 personnes possèdent plus d'un poste de télévision à la maison, mais 17 n'ont pas même de maison. Ces 20 personnes, avec seulement 0,2 % de leur richesse, pourraient former la première génération capable de mettre fin à la misère. Vous qui regardez maintenant la télévision, vous êtes peut-être l'une de ces 20 personnes. » (Publicité pour le programme de développement de l'Organisation des Nations Unies, passée à la télévision aux Pays-Bas, magazine « Critique de la publicité », novembre 2001.)
Grâce à l'Internet qui, comme un réseau de capillaires, fait circuler les informations d'individu à individu, le monde entier est maintenant relié jusqu'à sa moindre parcelle. Parmi les informations variées qui se répandent sur ce vaste réseau, certaines prennent la

dimension d'une sorte de rumeur moderne, forme urbaine et contemporaine de la transmission orale des contes.
Aujourd'hui au Japon, un de ces contes Internet, en partie identique au film publicitaire, et qui s'intitule *Lettre ouverte aux élèves*, se répand comme un flot impétueux. Si on remonte jusqu'à sa source, on découvre qu'en mars 2001 Mme Nakano Hiromi a reçu un message, intitulé *Le Village global*, qu'elle a traduit en japonais, avant de le lancer sur le Net. En voici le texte dans son intégralité :

Vous qui pensez n'avoir pas eu de chance aujourd'hui,
peut-être qu'en lisant ceci, la réalité vous apparaîtra tout autre.

Supposons qu'en respectant scrupuleusement les données statistiques existantes sur l'humanité, on réduise le monde à un village de 100 habitants, que deviendrait celui-ci ?

Dans ce village, il y aurait…
57 Asiatiques,
21 Européens,
14 Américains de l'hémisphère nord et sud,
8 Africains.

52 seraient des femmes,
48 seraient des hommes.

70 seraient de couleur,
30 seraient blancs.

70 seraient autres que chrétiens,
30 seraient chrétiens.

89 seraient hétérosexuels,
11 seraient homosexuels.

6 posséderaient 59 % de la richesse globale,
et tous les 6 seraient citoyens des Etats-Unis.

80 logeraient dans des conditions inacceptables,
70 ne sauraient pas lire,
50 souffriraient de malnutrition,
1 serait sur le point de mourir,
1 sur le point de naître.

1 (oui, un seul) étudierait à l'université,
et un seul posséderait un ordinateur.

Si l'on considère notre monde ainsi réduit à cette échelle, la nécessité d'accepter les autres tels qu'ils sont et de les comprendre avec leurs différences s'impose clairement, sans oublier le besoin encore plus grand de l'éducation pour faire prendre conscience de cette réalité.

Mais considérons encore ceci :

Si ce matin en ouvrant les yeux, vous avez pu vous dire que vous étiez en bonne santé, vous êtes plus chanceux qu'1 million d'autres dans le monde qui ne survivront pas jusqu'à la fin de la semaine.

Si vous n'avez pas une seule fois éprouvé les dangers de la guerre, la solitude et les tourments de l'emprisonnement, les affres de la faim, vous êtes plus chanceux que 500 millions d'autres
dans le monde.

Si vous pouvez suivre votre foi sans craindre d'être harcelé, emprisonné, torturé ou mis à mort, vous êtes plus chanceux que 3 milliards d'autres dans le monde.

Si vous avez de la nourriture dans votre réfrigérateur, des vêtements pour vous couvrir, un toit sur votre tête, un endroit où dormir, vous vivez dans une abondance que ne connaissent pas 75 % d'êtres humains dans le monde.

Si vous avez de l'argent déposé à la banque, de l'argent dans votre portefeuille, ou quelques pièces dans une boîte à la maison, vous faites partie des 8 % les plus riches de ce monde.
Si vos deux parents sont encore vivants, et qui plus est encore ensemble, c'est vraiment extraordinaire.

Si vous pouvez lire ce message, vous êtes doublement chanceux. Car cela suppose qu'en vous envoyant ce message quelqu'un a pensé à vous, et aussi que vous êtes bien plus chanceux que les 2 milliards d'êtres humains dans le monde qui ne savent pas lire.

Quelqu'un a dit un jour :
Ce qu'on donne
toujours nous revient.

Alors,
prenez plaisir à travailler comme si l'argent n'importait pas,
aimez les autres comme si vous n'aviez jamais été blessé,
dansez comme si personne n'était là pour vous regarder,
chantez comme si personne n'était là pour vous entendre,
vivez comme si ce monde était le paradis sur terre.
Envoyez ce message à un ami. Eclairez sa journée.

Mme Nakano Hiromi a travaillé jusqu'en 1997 comme conseillère auprès de la Banque mondiale à Washington, D.C. Un de ses anciens collègues de l'époque, chargé des problèmes de population, M. Leipold, un Allemand, a lancé en 2001, à l'occasion de la Semaine internationale de l'amitié, ce message sur le Net, qui est parvenu à Mme Nakano.

A ce propos, à quand remonte la coutume de cette Semaine internationale de l'amitié, qui semble surtout se diffuser à partir du continent nord-américain ? Les opinions divergent à ce sujet. En fait, sous cette appellation proclamée, on échange tout simplement par mail des *histoires sympathiques* ou des poèmes, consacrés à l'amitié.

De cette façon, la Semaine internationale de l'amitié est en soi un conte Internet, un conte dont la *fonction* est de servir de prétexte à qui veut entretenir quelqu'un de quelque chose sur le mode de l'amitié. Les messages de la Semaine internationale de l'amitié, comme celui qu'a reçu Mme Nakano, se terminent obligatoirement par un appel à faire suivre. Mme Nakano, lors de sa traduction, a omis la phrase qui se trouvait à la fin du message : *C'est maintenant la Semaine internationale de l'amitié*. Ce n'est pas tout. Ce message, à un moment donné de sa diffusion au Japon, a perdu ses deux dernières phrases : *Envoyez ce message à un ami. Eclairez sa journée*. A la place, s'est inscrit le préambule ci-dessous, effaçant toute trace de la Semaine de l'amitié. Et c'est à ce moment-là qu'au Japon, ce conte Internet a pris le titre d'une *Lettre ouverte aux élèves*.

Dans son collège, ma fille aînée a un professeur merveilleux qui, chaque jour, envoie un e-mail sous forme de lettre ouverte à ses élèves. Parmi ces mails, il y en a un qui m'a tellement émue qu'il faut que je vous l'envoie à tous. S'il est un peu long, je m'en excuse.

Qui a rajouté ce préambule ? Quand exactement ? Est-ce la vérité ? Pour l'instant, cela n'a pas été éclairci. Mais à supposer que cela soit vrai, cela voudrait dire qu'un professeur aurait reçu ce message et l'aurait retransmis à ses élèves. On imagine alors qu'il exerçait dans un collège où les élèves à qui il enseignait possédaient chez eux un ordinateur dont ils utilisaient au moins une fois par jour et avec efficacité le courrier électronique. Un tel collège existe-t-il vraiment aujourd'hui au Japon ? Une enquête est en cours.

En avril 2001, à peu près en même temps que le lancement de la version japonaise sur Internet, David Taub a publié en Angleterre un article intitulé Le Village Global, son auteur et son histoire. Il y attribuait l'origine de ce message aux travaux de l'environnementaliste Donella Meadows. Signalons les principales différences entre l'original, qui porte la date du 31 mai 1990, et le message qui arriva finalement au Japon au printemps 2001.

1. L'original porte le titre : *Le citoyen global, Rapport sur l'état du village*, et commence par la phrase : *Si le monde était un village de 1 000 habitants*. Ce n'est donc pas un village de 100 mais de 1 000 personnes.

2. Les articles sur les races, les langues, les religions sont les mêmes, mais naturellement les chiffres tels que *584 sont asiatiques, 123 sont africains, 95 sont de l'Europe de l'Ouest et de l'Est, 55 sont soviétiques*, ont été réduits dans le message.

3. Dans l'original, l'article sur la composition de la population, le nombre de personnes âgées, les taux de naissance et de mortalité, disait : *1 sur 3 dans le village (330 personnes) est un enfant. La moi-*

tié d'entre eux sont atteints de maladies infectieuses comme la rougeole ou la polyo, qu'on peut prévenir par la vaccination. 60 dans le village sont des vieillards de plus de 65 ans. Parmi les femmes mariées, seulement moins de la moitié ont recours à des moyens de contraception. Dans le village, naissent chaque année 28 enfants. Chaque année, 10 meurent. Parmi ceux-là, 3 mourront parce qu'ils n'ont rien à manger, 1 mourra du cancer, 2 mourront à la naissance, 1 deviendra séropositif. Mais il n'a probablement pas encore développé la maladie du SIDA… Ces phrases traitent de l'utilisation ou non de la vaccination ou de la contraception, des causes de la mortalité, du SIDA, etc., thèmes qui n'ont pas été repris dans le message.

4. L'original parle beaucoup de l'exploitation de la terre et des effets pernicieux des produits chimiques. Exemple : *Pour une surface totale de 6 000 acres, 700 représentent des terres agricoles, 1 400 sont des prairies, 1 900 des forêts, 2 000 sont occupés par le désert, la toundra, les infrastructures routières et des terres improductives. Les forêts diminuent rapidement. A l'opposé, les terres improductives, les plaines sauvages, gagnent du terrain. Les autres terres conservent à peu près le même aspect. Dans ce village, 83 % des engrais sont destinés à 40 % de la terre agricole qui appartient aux 270 personnes les plus riches. L'excès d'engrais devient la cause de la pollution des lacs et des puits. Sur les 60 % restants de terre, où sont appliqués 17 % d'engrais, sont cultivées 28 % de céréales, que consomme 73 % de la population. La récolte totale de céréales que donne cette terre n'équivaut pas au tiers des céréales produites par les riches du village.* Toute cette analyse a disparu du message.

5. De la même façon, on a laissé tomber des articles à propos des professions et des budgets : *Si le monde était un village de 1 000*

habitants, 5 seraient soldats, 7 seraient professseurs, 1 serait médecin. Parmi les 3 millions de dollars de dépenses annuelles du village, 181 000 dollars iraient à l'armement et à la guerre, 159 000 à l'éducation, 132 000 à la santé. Sans doute pour la raison, entre autres, que la réduction à l'échelle de 100 habitants ne le permettait pas. Mais par voie de conséquence, on a dû renoncer au message de l'original qui montre que l'armement est plus important que l'éducation et la médecine.

6. L'original se termine par un article sur l'armement nucléaire : *Ce village possède une force de frappe nucléaire qui pourrait anéantir un grand nombre de villages comme lui. Seuls 100 habitants la gèrent. Les 900 autres doutent qu'ils puissent s'entendre avec les premiers et considèrent avec angoisse ce pouvoir : qu'adviendrait-il si, par quelque hasard humain ou technique, cette force nucléaire était déclenchée, ou à supposer même que les 100 veuillent s'en débarrasser, réussiraient-ils à venir à bout des déchets radioactifs qui mettraient en danger le village tout entier ?* Ce paragraphe aussi a disparu du message.

7. Dans le message arrivé au Japon, les chiffres ont été dans leur ensemble réduits et simplifiés, et on a ajouté les rubriques sur la répartition des sexes et sur l'hétérosexualité et l'homosexualité.

8. Dans l'original, l'accent est mis sur les problèmes d'environnement alors que dans le message il est mis sur la composition de la richesse.

En circulant, le message s'est imprégné des sentiments et des idées du nombre considérable de personnes qui l'ont reçu avant de l'envoyer à leur tour. Le simple fait de transmettre un mail à quelqu'un suppose que l'on a ressenti un élan, que l'on a été ému. Composer un mail, ce n'est pas comme écrire des phrases à la main, rien de plus facile que de le corriger, et en plus ces corrections passent inaperçues. En abrégeant, en ajoutant, en modifiant, en jouant avec la présentation, des personnes, à l'infini, y ont peu à peu imprimé leurs idées.

Mais le plus grand mérite de ce message, n'est-il pas que du village de 1 000 personnes à l'origine, on soit passé à 100 ? Le chiffre 100 est plus facilement imaginable dans notre vie quotidienne et donc parfaitement adapté. Il est certain que c'est ce qui a d'un coup élargi la diffusion de ce message. Cependant, au moment de cette transformation, on n'a pu faire autrement que de simplifier peut-être à l'excès les rubriques sur les zones de répartition de la population, les langues, les religions, etc., ce qui a eu pour incidence d'écarter les minorités. L'*altérateur*, tout en assumant la responsabilité de cette réduction, a donné sa préférence à une représentation plus accessible du monde, dans le but d'atteindre le plus grand nombre de personnes possible.

Au Japon, on a ajouté un conte, la *Lettre ouverte aux élèves.* Ne serait-ce pas la preuve que dans ce pays on a espoir en l'éducation ? Quelqu'un a dû penser : « Ah, si un tel professeur pouvait exister ! » et dans son rêve, ce *professeur merveilleux* est apparu. Parmi quatre messages que j'ai reçus, l'un d'eux portait le commentaire d'un expéditeur précédent qui disait : *Ce mail, transmis et retransmis, m'est enfin arrivé. Il y a vraiment de bons professeurs !* Ceci pour dire que si ce rêve n'avait pas ainsi acquis la sympathie, s'il n'avait pas été partagé, cette *Lettre ouverte aux élèves* ne serait pas devenue ce qu'elle est, mais serait sans doute retournée à l'état originel de la version Nakano. C'est ce que, dans l'étude de la transmission des littératures orales, on appelle le retour aux sources.

Ce conte Internet ne peut s'abstraire de la suite d'événements qui a commencé le 11 septembre 2001. Il semble qu'une sorte de conscience globale sur le monde se soit éveillée, qu'elle ait éprouvé le danger de l'écart devenu astronomique entre riches et pauvres, et que, dans ce conte Internet, elle ait doucement mais intensément ouvert les yeux. Le mauvais pressentiment au bout de ce regard s'est comme concrétisé. Au Japon, depuis le 11 septembre, la diffusion de la *Lettre ouverte aux élèves* a redoublé de vitesse, et certainement qu'un phénomène identique s'est produit à l'échelle mondiale. On attend les résultats de l'enquête menée dans chaque pays. Le monde ne peut plus continuer ainsi. Même si dans ce monde, on se trouve du côté le plus *chanceux*, à certains moments, on se sent mal à l'aise. Il va sans dire que chacun, du côté des *chanceux*, éprouve lui aussi ses propres difficultés à vivre. Et le conte Internet est comme le vaisseau qui met en commun cette inquiétude et ce sentiment d'imperfection de la vie. Qu'il s'agisse du *Village global* ou de *La Lettre ouverte aux élèves*, il semble qu'il se construise *de message en message*, en exerçant son pouvoir de séduction sur les gens et en sollicitant leur sympathie.

Le conte, a dit le penseur allemand Ernst Broch, raconte l'espoir. Le conte Internet, ce conte contemporain, lui aussi, bien entendu, raconte l'espoir. L'espoir de sortir de l'injustice et de se rapprocher ne serait-ce que d'un pas de la justice, l'espoir de commencer enfin, à l'instant, d'aimer pleinement ce monde, et soi-même. *Le jour où le monde a commencé de changer,* voilà la prédiction, et l'espoir, de ce conte Internet.

IKEDA Kayoko,
novembre 2001

Les chiffres apparaissant dans le texte de ce livre diffèrent en plusieurs endroits de ceux de la version Internet actuellement en circulation. S'il en est ainsi, c'est que ces chiffres ont été révisés au plus près de l'état actuel, à la lumière des différentes statistiques parues dans les annuaires ou livrées par les organismes spécialisés. Cependant, pour que ces valeurs réelles appliquées à un village de 100 personnes soient traduites en chiffres, il a fallu quelque peu arrondir. Par exemple, actuellement, le taux d'augmentation de la population dans le monde est de 1,4 %, ce qui a donné une augmentation d'une personne pour le village de 100 personnes. De même, le chiffre de 20 personnes souffrant de malnutrition se réfère aux données du World Food Programme, mais il faut savoir que, compte tenu du manque de données pour certains pays, ce chiffre a été estimé au plus fort. Ajoutons que lorsque la recherche de statistiques, comme pour les homosexuels ou les gens de couleur, s'avérait impossible, le texte original a été conservé. Dans le cas de rubriques pour lesquelles des informations étaient disponibles mais qui posaient problème pour la représentation totale, on a là aussi fidèlement respecté l'original en mettant l'accent sur le message. Beaucoup de personnes nous ont apporté leur aide dans la recherche de ces données et nous tenons à leur exprimer nos remerciements.

Personnes et organismes ayant participé à cet ouvrage :

SAKURAI Miki, HOSHIKAWA Jun, NAKANO Hiromi, YOSHIDA Mika (New York), ISHIKAWA Maho (JOICFP), FUTAMI Takeshi (UNICEF Japon), IZUISHI Keiko (World Food Programme de l'ONU), FURUYA Susumu (Amnesty International, Japon), KAMATA Shiuko (OMS, centre de Kobe), Bureau de la Banque mondiale à Tokyo, MIYATA Noboru (Bureau des droits d'auteurs pour tout le Japon).

ISBN : 2-87730-620-8

Imprimé dans l'union européenne
par Everprint (Italie)

Dépôt légal : octobre 2002